…flicken.

Keiner lässt sich gerne am Zeug …

# Das ist noch nicht alles niet- und ...

...nagelfest.

Manchmal steckt man bis über beide Ohren in...

??

…Arbeit.

# Alle guten Geister loben ihren …

…Meister.

!!

Geht man zu Fuß,
dann wandert man
auf Schusters ...

??

... Rappen.

Manche schaffen
es vom Tellerwäscher
bis zum …

??

...Millionär.

...Preise.

Segne, Vater, diese Speise, uns zur Kraft und dir zum …

??

… Seite.

Jeder zeigt sich am liebsten von seiner Schokoladen-…

…rupfen.

Mit manchen hat man noch ein Hühnchen zu …

??

…Zankerei.

Bleib zu Haus und koch den Brei, so kommst du nicht in …

...zusammen.

Da läuft einem das
Wasser im Munde…

…aufhören.

Wenn's am besten schmeckt, soll man …

...Pause.

Wenn der Kuchen spricht, haben die Krümel …

??

… Teppich.

Wer etwas verheim-
licht, der kehrt es
unter den …

??

…Meister.

Gibt es wenig zu essen, dann ist Schmalhans Küchen- …

…Kloßbrühe!

Das ist so klar wie …

...Haupt.

Über 'm vollen Bauch lächelt ein fröhliches …

...satt.

Wer Wurst, Brot und Schinken hat, der wird noch alle Tage…

??

... Leben lang.

Wer nicht liebt Wein,
Weib und Gesang, der
bleibt ein Narr sein …

…sing.

Wes Brot ich ess',
des Lied ich …

…Deckel.

# Auf einen schiefen Topf gehört ein schiefer …

…Hopfen.

Auch Wasser wird zum edlen Tropfen, mischt man es mit Malz und …

??

… willkommen.
!!

Fünf sind geladen,
zehn sind gekommen.
Tu' Wasser zur Suppe,
heiß alle ...

??

...pieken.

Wer nie sein Brot im Bette aß, weiß nicht, wie Krümel …

??

...rot.

# Trocken Brot macht Wangen …

??

…Kammern.

Jammern füllt keine…

…kochen.

# Auf alten Pfannen lernt man …

??

…herein.

# Tritt ein, bring Glück …

??

…Häuslichkeit.

Das höchste Glück,
die schönste Freud,
ist eine traute …

??

…schief.

# Ist die Stimmung schlecht, dann hängt der Haussegen …

??

… Küche.

Bei Schwierigkeiten kommt man schnell in Teufels …

??

... Tisch.

Jeder setzt sich gerne an einen gedeckten …

??

... Tür.

Jeder kehre zuerst vor seiner eigenen …

??

...aus!

Herr segne dieses Haus und alle die da gehen ein und …

??

...Herd.

Das Hausmütterchen
ist gerne ein
Heimchen am …

??

... Tee trinken.

Bei manchen Dingen heißt es Abwarten und …

...Haus.

Manche fallen mit der Tür ins ...

?

... Trank.

# Vielen Dank für Speis' und …

…liegt man.

Wie man sich bettet,
so …

... vergessen.

Vor dem Essen, nach dem Essen, Hände-waschen nicht …

?

...gewachsen.

# Dagegen ist kein Kraut …

…Magen.

# Liebe geht durch den …

...Brei.

Oft redet man
um den heißen …

…besten.

# Bei Muttern schmeckt's immer am …

?

…gekocht wird.

Nichts wird so heiß gegessen, wie es …

...Süppchen.

# Manche kochen lieber ihr eigenes …

...Essen.

# Der Appetit kommt beim …

?

... Würze.

# In der Kürze liegt die …

…fett.

# Das macht den Kohl nicht …

…Speck.

# Dreck macht …

... Wahrheit.

# Im Wein liegt die …

...lustig.

Sauer macht …

...gehl.

Safran macht den Kuchen …

# ...Magen.

Käse schließt den …

# ...erhalt's!

# Hopfen und Malz, Gott …

...Schritte tun.

Nach dem Essen sollst du ruh'n oder tausend …

?

...Mäuse.

# Mit Speck fängt man …

...Brot.

In der aller größten Not schmeckt die Wurst auch ohne …

?

...bleibt.

Wer nicht kommt zur rechten Zeit, der muss essen, was übrig …

?

...wert.

# Eigener Herd ist Goldes …

?

...zuerst.

# Wer zuerst kommt, mahlt …

...gut.

# Neue Besen kehren …

...gern.

# Ein voller Bauch studiert nicht …

...Koch.

Hunger ist der beste …

…Glück allein.

# Trautes Heim, ...

„leichter“ (?) und „schwieriger“ (??) ist als Anregung gedacht und nicht für jeden verbindlich, da jeder Mensch von seiner individuellen Biografie geprägt ist.

Das Spiel eignet sich insbesondere für „Jung und Alt“, denn seit jeher haben die Großeltern den Kindern und Enkelkindern einen Kulturschatz weitergegeben und erläutert. So können in der heimischen Tischrunde aus den Sprüchen kleine Geschichtchen über frühere Zeiten entstehen. Lassen Sie sich überraschen. Wir wünschen Ihnen viel Spaß und gutes Ergänzen beim Ausprobieren!

Idar-Oberstein, im Februar 2019
Stefan Gutensohn und Antje Siebert-Görlitz

Sprüche über „Heim und Herd“ sind Inbegriff eines Gefühls von Geborgenheit, Schutz und Geliebtwerden. Gefühle, die gerade für dementiell betroffene Menschen, die unter zunehmender Unsicherheit leiden, wichtig sind.

Das Handwerk spielt vor allem in der Männerwelt eine große Rolle, die Sprüche lassen Gefühle der eigenen Kompetenz, Geschicklichkeit, des Tätigseins und Gebrauchtwerdens wach werden.

Um das Gedächtnis zu fordern, ohne es zu überfordern, sind in diesem Ergänzungsspiel zwei Schwierigkeitsgrade auf den Karten vermerkt, die sich auf eine jahrelange Praxiserfahrung der Spieleautoren stützen. Die Zuordnung als

Durch den alltäglichen Gebrauch haben sich die kurzen Sprichwörter im Altgedächtnis verwurzelt. Dies kommt heute den alten Menschen zugute, die aufgrund dementieller Veränderungen komplexere Denkprozesse nicht mehr so sicher bewältigen können, sich aber noch genau an diese „gute alte Zeit" erinnern. Auch diese Menschen können so im gemeinsamen Ratespiel wieder mitreden und mit ihrem Wissen den Rest der Runde erstaunen lassen. Vermeintlich vergessene, oft brachliegende Reime werden ohne große Anstrengung vervollständigt. Das bringt Freude und Wertschätzung in die Gemeinschaft.

## Spielbeschreibung
## Das wussten schon Oma und Opa!

Dieses Biografiespiel ist aus einem Erinnerungsschatz aus alten vergangenen Tagen erstellt. Auf den Kärtchen entdeckt man gemeinsam bekannte Sprüche, die sich leicht ergänzen lassen, da sie aus dem Kulturgut und dem Lebensalltag der heute altgewordenen Generation stammen. Die Lebenssprüche und Weisheiten, die oft im damaligen Sprachgebrauch verwendet und von Generation zu Generation weitergegeben wurden, sind in einer Zeit geprägt worden, als Heim und Handwerk wichtige Säulen der Familie waren.

*Stefan Gutensohn* ist examinierter Altenpfleger mit gerontopsychiatrischer Zusatzqualifikation. Als Pflege-, Haus- und Projektleiter war er in der Altenarbeit in Deutschland und Luxemburg tätig.

*Antje Siebert-Görlitz* ist in der Betreuungsassistenz und biografischen Aktivierung von alten, dementiell betroffenen Menschen tätig.

Zusammen entwickeln sie in ihrer „Kreativwerkstatt ZEITSPRUNG“ in Idar-Oberstein Spielekonzepte für die Altenarbeit.

Im Ernst Reinhardt Verlag außerdem erschienen: *Ja, so hieß das! Frage-Antwort-Spiel für Menschen mit Demenz. 100 Sprichwörter, Lieder, Werbesprüche* (2. Aufl. 2019, ISBN 978-3-497-02669-2), *Fotoduett. Zuordnungsspiel mit 60 Farbkarten für Menschen mit Demenz* (2017, ISBN 978-3-497-02670-8) und *Den Spruch kenn ich! Frage-Antwort-Spiel zum Rätseln und Erinnern. 120 Sprüche aus Märchen, Poesiealben und Redensarten* (2018, ISBN 978-3-497-02776-7).

# Das wussten schon Oma und Opa!

Erinnerungsspiel mit 120 Sprüchen rund um Heim und Handwerk

Gutensohn · Siebert-Görlitz

Einer guten Hausfrau geht die Arbeit leicht von der …

??

...Hand.

Aus fremder Leute Leder ist trefflich Riemen …

??

…schneiden.

Wer arbeitet, steht in Lohn und …

# ...Brot.

# Pfarrers Kinder, Müllers Vieh gedeihen selten oder …

??

…nie.

# Amtleute geben dem Herrn ein Ei und nehmen dem Bauern …

??

...zwei.

# Ackersmann, Schlackersmann, ich lobe mir den …

??

…Handwerksmann.

Arbeit macht
das Leben süß,
Faulheit stärkt die …

… Glieder.

Wer zu viel
Handwerk kann,
wird zuletzt ein …

??

... Bettelmann.

Ein guter Amboss fürchtet keinen …

??

…Hammer.

Der Reiter duldet Kalt und Nass, der Schreiber lobt sein Tinten- …

??

...Fass.

# Langer Draht, faule …

...Naht.

Manche benehmen sich wie die Axt im …

??

... Walde.

Säge nicht an dem Ast,
auf dem …

??

…du sitzt.

# Zweimal abgeschnitten und immer noch zu …

…kurz, sagte
der Schneider.

Manche fluchen
und streiten
wie die Kessel- …

??

…Flicker.

# Wo kein Kläger, da kein …

??

… Richter.

Der Alten Rat,
der Jungen Tat,
macht Krummes …

…grad'.

Der Angler wartet Stunden, der Narr ein …

??

… Leben.

Manche machen
Nägel mit…

... Köpfen.

# ...Glück.

Wer sich sein Zeug am Leibe flickt, der hat den ganzen Tag kein …

??

…leben kann.

Es ist ein schlechter Arbeitsmann, der nicht vom Handwerk …

??

... bist du was.

# Kannst du was, dann …

... um.

... von den Planken.

Das haut den stärksten Seemann …

... Schleifer.

Geiger und Pfeifer sind keine Scheren- …

…geschnitzt.

Der ist aus demselben Holz …

…fleißig.

Am Abend wird der Faule …

… Ende.

Viele Hände,
schnelles …

…Werk.

Ein Meister versteht sein Hand- ...

?

…reißen.

Manchmal muss man sich am Riemen …

…Kopf.

Manchmal wächst einem die Arbeit über den …

?

… Stecher.

Mein lieber Freund und Kupfer- ...

...Ruh.

Manche arbeiten ohne Rast und …

...Zweig.

Manche kommen auf keinen grünen …

…Hände.

Manche Handwerker haben zwei linke …

...buckelig.

Manche arbeiten sich krumm und …

...Wirt.

Manche machen die Rechnung ohne den …

...Kamm.

Manche scheren alles über einen ...

?

…Musik.

# Der Ton macht die …

?

... Waage.

Manche legen jedes Wort auf die Gold- …

... Schmied.

Ein jeder ist seines Glückes …

?

…Mädle schaue.

Schaffe, schaffe,
Häusle baue und
ned nach de…

# ...Herrenjahre.

Lehrjahre sind keine …

…Handwerk.

Klappern gehört zum …

… nimmermehr.

# Was Hänschen nicht lernt, lernt Hans …

...Preis.

Ohne Fleiß, kein …

?

...zu sein.

Keiner ist zu klein,
ein Meister ...

?

… werden will.

Früh übt sich,
wer ein Meister …

?

...Brei.

Viele Köche
verderben den ...

…faules Mädchen.

Langes Fädchen, ...

...Leisten.

Schuster, bleib bei deinem …

…heiß ist.

Man muss das Eisen schmieden, solange es …

?

...Boden.

Handwerk hat goldenen …

…besser.

# Doppelt genäht hält …

…Späne.

Wo gehobelt wird,
da fallen …